DAHLIEN ZAUBER

SARAH STILLER

CALLWEY

Strawberry Cream

Inhalt

GROSSE Dahlien LIEBE

Ich finde, man darf seine Meinung im Laufe des Lebens durchaus auch mal ändern.

Selbst wenn das bedeutet, dass man eine Pflanze, die man bisher schlicht ignorierte, ja eigentlich schon verschmähte, innerhalb kürzester Zeit (Ich spreche von ein paar Jahren, aber was heißt das schon in der Botanik?) zu einer seiner absoluten Lieblingsblumen erklärt.

So ist es mir mit Dahlien ergangen. Ich mochte sie einfach nicht. Spießig, konservativ, irgendwie altmodisch. Und wenn ich mir Gartenbilder aus den 1980ern oder 1990ern anschaue, dann weiß ich auch warum. Krachiges Rot, kombiniert mit Zitronengelb, dazu Weiß. Gleiches Image wie das des feuerwehrroten Rosen-Bouquets mit Schleierkraut. Oder Nelken. So gar nicht meins. Und dann ist es irgendwann passiert. Sicher mag es an sensationellen Neuzüchtungen liegen, aber auch alte Sorten tauchten plötzlich wie aus dem Nichts wieder auf. Selbst die zur Zeit so beliebte „Café au Lait" ist eine wilde 68erin. Ihr kometenhafter Aufstieg begann vermutlich, nachdem sie vor einigen Jahren in dem Magazin „Martha Stewart

Weddings", dem amerikanischen Hochzeitsmagazin, vorgestellt wurde.

Nach und nach entwickelte ich eine, man könnte fast sagen, ungebremste Dahlien-Leidenschaft. Völlig verzaubert von diesen spätsommerlichen, farbenprächtigen Geschöpfen, mache ich mich jedes Jahr wieder auf die Suche nach neuen (oder alten!) Sorten, die einzigartig und wunderschön sind. Es gibt unzählige: gefüllt, ungefüllt, Pompons oder Seerosen, Kaktus-Dahlien und Päonien, in sämtlichen Farbnuancen. Außer in blau.

Wusstest Du, dass die Dahlia imperialis bis zu zehn Meter groß wird? Begleite mich in die Welt der Dahlien und ich zeige Dir, dass selbst gefüllte Dahlien insektenfreundlich sind, wie Du sie pflanzt und pflegst, was für eine wundervolle Schnittblume sie ist und wie Du sie im Beet kombinieren kannst. Und meine besten Schneckenstrategien werde ich Dir auch verraten. Sollten nach der Lektüre noch Fragen offen sein, lass es mich unbedingt wissen.

Also runter vom Sofa, ab in die Erde und

Happy Buddeln, Deine Sarah ♡

Totally Tangerine, Islander, Rembrandt

Totally Tangerine

ES WAR EINMAL... die DAHLIE

Die Erfolgsgeschichte der Dahlie in unseren Gärten beginnt vor über 500 Jahren, allerdings jenseits des Atlantiks. Erst mit der Entdeckung des amerikanischen Kontinents wurde auch die Dahlie entdeckt, die bis dahin in freier Natur zwischen den kargen Wüstenlandschaften und grünen Regenwäldern Mexikos erblühte. Sie ist auch in Guatemala, Honduras, Nicaragua, El Salvador & Costa Rica heimisch.

Für die Azteken war sie weniger Blumenschmuck als Nahrungsquelle. Sie versuchten der „Acocotli“ (auf deutsch Wasserschlund, da die hohlen Stiele

Ein Dahlienstrauß wie auf alten holländischen Gemälden.

sehr praktisch zum Wasserholen waren oder auch, um direkt daraus zu trinken) eher einen praktischen Nutzen als Lebensmittel abzugewinnen. Die Dahlienknollen wurden, ähnlich wie ihre sehr viel bekannteren Kolleginnen, die Kartoffelknollen, zubereitet und verspeist. Auch die Blütenblätter wurden zu Nahrung verarbeitet.

Die Dahlien der Azteken waren der heutigen „Dahlia imperialis“, den Baumdahlien, die zwischen fünf und zehn Meter groß werden, am ähnlichsten. Offenbar hatte die Dahlie als Delikatesse aber nur mäßigen Erfolg, denn anders als die Kartoffel oder der Mais hat sie es nicht bis in europäische Küchen geschafft.

Dahlien mal Ton in Ton

Aber zum Glück bis in unsere Gärten. Als erster Europäer wurde der spanische Arzt Francisco Hernandez auf die Urahnin unserer heutigen Dahlie aufmerksam. Von 1570 bis 1577 verweilte er in Mexiko und hatte berufsbedingt ein großes Interesse an Heilkräutern. Ob er der Pflanze irgendwelche heilenden Wirkungen abgewinnen konnte, ist nicht bekannt, aber er erwähnte sie noch unter dem Namen „Wasserschlund" in seinen 1651 veröffentlichten Aufzeichnungen. Diese lassen auch darauf schließen, dass es damals schon Dahlien-Hybriden, also Vorfahren unserer Gartendahlien, gab.

Richtig Fahrt in die Sache kam erst über 100 Jahre später. 1789 schickte Vincentes Cervantes, der Direktor des Botanischen Gartens von Mexiko, seinen Kollegen in Madrid einige Samen der dort bislang unbekannten Pflanze.

Antonio José Cavanilles zog daraus die ersten Dahlien auf europäischem Boden. Sein Werk trug Früchte, es wurde nach Dr. Andreas Dahl, einem schwedischen Botaniker, „Dahlia pinnata“ genannt. Diese, sowie die „Dahlia rosea“ und „Dahlia coccinea“, waren die ersten, die in Europa gezüchtet wurden.

Die kostbaren Neuzüchtungen gelangten dann aus den königlich spanischen Hofgärten auch nach Frankreich und England, wo man die Knollen aus Unwissenheit im Winter in Gewächshäusern verfaulen ließ. Wie viele Versuche es brauchte, und welcher schlaue Kopf schließlich darauf kam, die Knollen, die aus tropischen Gefilden kamen, im Winter auszubuddeln und vor dem Frost zu schützen, ist nicht überliefert. Aber scheinbar hat sich diese Methode durchgesetzt, denn sonst könnten wir diese sensationellen Blumen heute nicht in unseren Gärten kultivieren.

Als die Wunderknolle in die Hände des deutschen Botanikers Carl Ludwig von Wildenow gelangte, wusste er nicht, dass sie bereits einen Namen hatte. Er wollte seinem Kollegen Johann Gottlieb Georgi eine Freude machen und nannte sie ab sofort Georgine. Auch ein hübscher Name, der zu mancher späteren Sorte fast besser passt als Dahlie. Obwohl der Fehler rasch korrigiert wurde, stehen heute in Skandinavien und Osteuropa noch Georginen im Garten.

Ihren Durchbruch in Frankreich, England, den Niederlanden und Deutschland erlebte die Dahlie schließlich, als Alexander von Humboldt Anfang des 19. Jahrhunderts erneut mit Samen von einer Reise zum amerikanischen Kontinent zurückkehrte. Die Samen fielen sozusagen auf fruchtbaren Boden. 1929 wurde dann durch die Kreuzung einer roten „Dahlia coccinea“ mit einer hellvioletten “Dahlia pinnata“ die erste moderne Dahlienhybride von W. J. C. Lawrence gezüchtet. Ab da gab es kein Halten mehr – es wurde eifrig gezüchtet, gepflanzt und neu kombiniert.

Wieviele Sorten es heute gibt, ist nicht ganz klar. Die Zahlen variieren zwischen 20.000 und 57.000. Was aber unumstritten ist: Sie alle stammen von den ursprünglichen drei Sorten aus Mexico ab. Und auch heute ist die Dahlie immer noch die „National Flower of Mexico“.

Dahlien mal kräftig bunt.

UNGEHEURE Dahlien VIELFALT

Groß, klein, riesig, einfarbig, bunt, gefüllt, ungefüllt

Caitlin's Joy

Ob es jetzt 30.000, 40.000 oder noch mehr Sorten sind, jede ist anders. Dahlien unterscheiden sich in Farbe, Blütengröße und in der Blütenform. Jede ist in ihrer Erscheinung besonders. Gerade in der Beetplanung oder in Sträußen ist es spannend, mit diesen Unterschieden bewusst zu spielen, verschiedene Farbschattierungen und unterschiedliche Formen zu kombinieren, ob Ton in Ton oder auch ganz bunt. So elegant es sein kann, bei einem Farbschema zu bleiben, so großartig kann es auch sein, durch die herbstlichen Nebelschwaden die kräftigsten Beeren-, Rot und Orangetöne zu bewundern. Dem Herbst – und da drehen Dahlien nochmal richtig auf – steht einfach Farbe.
Eine allgemeine Einteilung der Dahliensorten gab es lange nicht. Je nach Land wurden Dahlien irgendwie zusammengefasst, eine einheitliche Klassifikation fehlte.

Basierend auf der Britischen Dahliengesellschaft, National Dahlia Society, kurz NDS, entschied sich die Deutsche Dahlien-, Fuchsien- und Gladiolengesellschaft (DDFGG) auf diese Klassifikation zurückzugreifen. Während meiner Recherche, u.a. bei der NDS und der DDFGGD, habe ich festgestellt, dass man schnell an vielen Details hängen bleibt. Ich möchte Dir aber mit diesem Dahlien-Guide ein praktisches Dokument an die Hand geben, deswegen werde ich an dieser Stelle nur auf die wichtigsten Unterscheidungsmerkmale eingehen.

Café au Lait, Eveline

Blütenform

Die verschiedenen Blütenformen reichen von zauselig bis üppig, von symmetrisch in unglaublicher Perfektion bis salopp ungeordnet, von kugelrund bis stachelig, von einfach bis gefüllt, von lässig bis elegant. In Deutschland gibt es 15 verschiedene Gruppen zur Einteilung der verschiedenen Varianten, in anderen Ländern sind es teilweise nur 11 oder 13. Ich habe hier die gängigsten und beliebtesten Formenklassen aufgegriffen, und natürlich auch die, die zu meinen Favoriten zählen.

EINFACHE DAHLIEN

Dahlegria Triclore

Ungefüllt, filigran und ideal für Insekten (auf den Nutzen von Dahlien bei Insekten gehe ich nochmal ausführlich auf Seite 96 ein). Ich mag sie sehr, vielleicht auch, weil sie mich in ihrer Einfachheit an Kinderzeichnungen erinnern.

ANEMONEN-DAHLIEN

Totally Tangerine

Dahlien dieser Klasse sehen eher untypisch aus. Die Mitte bestimmt ein großes, fluffiges Blütenkissen, umgeben von ringförmig angeordneten Blütenblättern, oft in einer anderen Farbnuance.

DEKORATIVE DAHLIEN

Dekorative Dahlien zählen mit ihrer romantischen Anmutung zu den beliebtesten und häufigsten Exemplaren. Sie sind gefüllt und variieren je nach Sorte mit runden oder spitzen Blütenblättern.

BALL-DAHLIEN

Sorten dieser Klasse sind zu erkennen an ihren kugeligen Blüten – daher auch der Name „Ball“ – mit wirklich perfekt symmetrisch angeordneten, nach innen aufgerollten Blütenblättern. Ball-Dahlien haben gefüllte und sehr robuste Blüten, die einen starken Regenguss oder Hitze besser vertragen.

POMPON-DAHLIEN

Rocco

Die Miniaturausgabe der Ball-Dahlie ist noch runder, noch perfekter. Ihre Blüten sind wie kleine Kugeln – Pompons – und die Struktur der zu Röhren gerollten Blütenblätter noch vollendeter. Pompon-Dahlien werden gerne für Blumensträuße und wirkungsvolle Arrangements verwendet.

KAKTUS-DAHLIEN

Omega

In ihrer etwas unordentlichen Art wirken sie, anders als die klassischen Arten, wie etwas zauselige, aber sehr fröhliche Farbkleckse, sowohl im Garten als auch in bunten Sträußen. Die Blüten sind leider nicht allzu witterungsbeständig.

PÄONIEN-DAHLIEN

Bishop of Leicester

Ähnlich wie die einfachen Dahlien sind Päonien-Dahlien ein Fest für Insekten, verfügen aber über mehrere Ringe von flachen, unregelmäßig angeordneten Blütenblättern. Desweiteren gibt es noch die Gruppen der Halskrause-Dahlien, Semi-Kaktus-Dahlien, Hirschgeweih-Dahlien, gefüllten Orchideen-Dahlien, Stern-Dahlien, Stellar-Dahlien und die Gruppe der diversen Dahlien.

SEEROSEN-DAHLIEN

Seerosen-Dahlien sind bezaubernde, fast märchenhafte Geschöpfe. Gefüllte Blüten und wenigen, breiten Zungenblüten lassen sie den Seerosen so ähnlich sehen. Mit ihren langen, kräftigen Stielen und den gefüllten Blüten, die sich nach und nach öffnen, sind sie eine sehr beliebte Wahl für Schnittblumen.

Zu den weiteren Gruppen gehören noch Halskrause-Dahlien, Semi-Kaktus-Dahlien, Hirschgeweih-Dahlien, gefüllte Orchideen-Dahlien, Stern-Dahlien, Stellar-Dahlien und Diverse Dahlien.

Blütengröße

Die Blütengröße spielt bei der Klasseneinteilung keine wesentliche Rolle, trotzdem finde ich sie wichtig zu erwähnen. Gerade die unterschiedlichen Größen machen Dahlienbepflanzungen und Bouquets erst so richtig spannend.

Der kleinste Blütendurchmesser beginnt bei ca. 3 cm (Pompon-Dahlie), die größten können tellergroß (und ich meine hier einen Anrichteteller, keinen Dessertteller) werden. Die Wuchshöhe der Pflanzen variiert je nach Sorte zwischen 25 und 180 cm. Auch innerhalb einer Züchtung kann die Größe unterschiedlich ausfallen, je nachdem wieviel Sonne und Wasser sie bekommen und welche Qualität der Boden hat.

Labyrinth, Small World, Rembrandt

Farben

Dahlien gibt es in fast allen Farben – außer in blau. Oft erblühen sie sogar mehrfarbig, manche in verschiedenen Nuancen desselben Farbtons, manche in kontrastierenden Farben wie Weiß mit Pflaume.

WEISS

Sneeuwstorm

Zeitlos und klassisch anmutend, reichen die Schattierungen von leuchtend reinem Weiß über warmes Elfenbein, einem kühl silbrigen Farbton bis hin zu frischem Schneeweiß und elegantem Creme. Es dürfte kaum überraschen, dass Schnittblumen dieser Sorten sehr beliebt für Hochzeitsdekorationen sind. Und Weiß geht einfach immer.

GELB

Butterfly Light

Fleurel

Auch wenn ich persönlich ja nicht immer von Gelb überzeugt bin, im Herbst darf es auch mal diese Farbe sein. Ob Zitronengelb, Kanarienvogelgelb, ein zarter Honigton, knalliges Gelb, Baiser oder Buttercreme.

PFIRSICH/APRICOT

Totally Tangerine

Princess Elisabeth

Erfrischend wie ein Obst-Sorbet: Dazu gehören Apricot, Pfirsichrosa, helles Lachs, saftige Wassermelone, Mandarine und Mango. Zur Zeit sehr beliebt.

ROSÉ/CHAMPAGNER

Cafe au Lait & Wizard of Oz

Zarte, romantische Pastelltöne mit märchenhafter Ausstrahlung. Sie reichen von Zartrosa, Altrosa, Rosé, ganz zartem Rot, Champagner bis hin zu Nude und Beige mit rosa Unterton. Neben den weißen Sorten am meisten gefragt für Hochzeiten.

HIMBEERE/PINK

Le Baron

Diese intensive Farbe gibt den Blüten eine fast schon tiefgründige und erhabene Anmutung. Dazu gehören alle fruchtigen Beerentöne – Himbeere, Blaubeere, Brombeere – Lila-Pink, rauchiger Pfirsich, Lavendel und Sangria.

ORANGE

Orangetöne wie bei Maya, David Howard und Silvia.

Diese Farbpalette ist voll von leuchtenden Sonnenuntergangstönen in unterschiedlichen Ausprägungen, von leuchtendem Orange, dunklem Lachs und Mandarine bis hin zu intensiven Farbtönen wie Gold-Orange, Terrakotta und Safran. Orange lässt den herbstlichen Garten erstrahlen und juchzen.

KORALLE

Caballero, Striped Nagano

Bringt die Tropen in unsere Breiten: Ein Farbton, der je nach Anteil von Orange und Rot leuchtend über den grünen Blütenblättern schimmert – in Papaya, Wassermelone, Pink Grapefruit und warmem Lachsrosa.

ROSA

Peaches

Eine sehr feminine und vielfältige Farbpalette aus Staubrosa, Frostrosa, Nelke, Magenta, Fuchsia, Alpenrosenrot, Altrosa, Pastellrosa, hellem Flieder, Burgunderrosa…

LILA/VIOLETT

Diese Farbkategorie umfasst eine große Bandbreite an Farbtönen mit unterschiedlicher Intensität, wie beispielsweise blasser Lavendel, Flieder, dunkles Mauve, Pflaume, Veilchen, Traube.

ROT

Karma Choc

Babylon

Auffallend, kräftig, intensiv – rote Dahlien stechen ins Auge. Die Rottöne reichen von Rubinrot, Kardinalrot, Scharlachrot, Tomatenrot, Mohn, Blutrot, Weinrot, Bordeaux, Karminrot bis hin zu Purpurrot.

PURPUR BIS SCHWARZ

Black Jack

Jowey Midnight

Lady in Black, umweht von Geheimnis und einem leichten Hauch von Drama – diese Farbpalette umfasst viele Nuancierungen von Tiefschwarz über sattes Kastanienbraun bis hin zu subtilen Violett-Tönen mit warmem Rot.

DAHLIEN RICHTIG PFLANZEN

Husch husch, ins Beetchen!

Immer wieder höre ich, dass das Dahlienpflanzen (und Ausbuddeln) Arbeit macht. Ja, das stimmt. Es macht mehr Arbeit, als eine winterharte Staude, die Du einmal setzt und über die Du Dir bis auf die üblichen To-Dos keine Gedanken mehr machen musst. Im Frühjahr möglicherweise in Töpfen vorziehen, dann in die Beete setzen, im Herbst wieder ausbuddeln und über den Winter fachgerecht lagern – das kann schon umständlich klingen. Aber: Ich garantiere Dir, dass mich das Dahlien-Prozedere nicht mehr als zusätzliche 10 –20 Minuten pro Dahlie im Jahr kostet.

Ich mache es gerne (!) und der Lohn ist unbezahlbar. Blütenfülle von Juli bis zum ersten Frost und die Dahlien blühen noch unermüdlich weiter, wenn sich viele meine Stauden schon längst in die Winterruhe verabschiedet haben. Wenn Du Dahlien im Topf kultivierst, kannst Du sie auch direkt im Topf frostfrei überwintern. Dann entfällt das Ein- und Ausgraben. Wichtig ist dann aber, im Frühjahr gute frische Erde (vorsichtig) in den Topf einzuarbeiten. Ich persönlich lagere die Knollen lieber ohne Erde.

Im Grunde sind Dahlien einfach anzubauen, wenn man drei Punkte beachtet: Sie brauchen Sonne, guten Boden und (später!) ausreichend Wasser. Generell hast Du zwei Möglich-

keiten, um loszulegen: Du kannst die Knollen in Töpfen vorziehen und dann nach den Eisheiligen ins Beet setzen (oder je nach Sorte auch im Topf lassen). Oder Du setzt sie nach den letzten Nachtfrösten, normalerweise im Mai, direkt ins Beet.

Vorziehen im Topf

Wenn Du die Dahlien im Topf nur vorziehen möchtest, um sie dann später ins Beet zu setzen, reichen Töpfe aus, die nur ein bisschen größer sind als die Knolle selbst. Ich nehme dafür meistens normale Plastiktöpfe. Möchtest Du Deine Dahlien allerdings später auch im Topf lassen, muss der Topf groß genug sein: Der Durchmesser sollte ungefähr halb so groß sein wie die Dahlie später hoch wird. Bei 60 cm Pflanzengröße wären das folglich 30 cm Durchmesser, außerdem sollte der Topf auch tief genug sein.

Pflanze pro Topf eine Knolle. Es ist wichtig, die Knollen nicht zu tief zu setzen. Fülle die Hälfte bis zwei Drittel des Topfes mit Erde, arbeite Kompost oder guten organischen Dünger mit ein und lege die Knolle mit dem abgeschnittenen Stiel des letzten Jahres nach oben zeigend darauf. Wenn Du nur die Knolle ohne Stiel hast (weil Du sie beispielsweise gerade geteilt hast), setze das Auge nach oben. Bedecke alles mit einer Schicht Erde, am besten so, dass der Topf oben noch einen freien Rand hat, das macht das Gießen einfacher. Ein paar wenige Zentimeter Erde zum Bedecken der Knolle reichen. Ganz wichtig: Der Hauptgrund, warum Dahlien oft nichts werden, ist zu viel Wasser. Dahlien benötigen anfangs kaum Wasser. Du kannst sie kurz mit etwas Wasser angießen, um ihnen den Startschuss zu geben. Dann aber erst wieder wässern, wenn der erste grüne Trieb aus der Erde schaut, ansonsten können die Knollen schnell faulen. Je größer sie werden, desto mehr Wasser benötigen sie. Am Anfang wirklich nur sparsam gießen.

Beim Thema „Dahlienknollen vor dem Einpflanzen wässern" scheiden sich die Geister. Die Gefahr besteht, dass die mit Wasser vollgesogenen Knollen in nasser, kalter Erde vor sich hingammeln.

Wenn die Knollen allerdings ausgetrocknet und verschrumpelt sind, sind, lege ich sie für ein paar Stunden in Wasser, um ihnen den Start zu erleichtern. Dann am besten erst gießen, wenn sich die ersten Triebe zeigen.

Die ersten Tage nach der Pflanzung müssen sie nicht unbedingt hell stehen. Sobald aber das erste Grün aus der Erde schaut, brauchen sie viel Licht Dahlien kommen aus subtropischen Gefilden und kennen keinen Frost. Deshalb vertragen sie ihn auch nicht und brauchen viel Sonne und Wärme. Stelle die Töpfe am besten an einen hellen Standort ins Haus. An warmen Tagen können die Töpfe auch tagsüber raus, aber bitte vergiss nicht, sie abends reinzuholen oder in eine frostfreie Umgebung zu stellen, falls nochmal Nachtfrost droht. (Kleine Anekdote am Rande: Ich weiß nicht, wie oft ich nachts schon schweißgebadet aufgeschreckt bin, um dann barfuß und im Nachthemd meine Baby-Dahlien von der Terrasse in die warme Küche zu schleppen.)

Dahlien in Töpfen zu ziehen hat den großen Vorteil, dass Du sie besser vor ihren Fressfeinden – den Schnecken – schützen kannst. Wenn sie schlussendlich ins Beet kommen, sind sie groß genug und nicht mehr ganz so attraktiv für Schnecken, wie die kleinen, zarten Jungpflänzchen. Außerdem kannst Du die Töpfe zum Schutz mit Schnexagon bestreichen. Und das Beste: Im Topf blühen sie früher und somit auch länger.

„Ich kenne die schreckliche Ungeduld Anfang März. Man möchte am liebsten sofort und auf der Stelle loslegen. Ich bin oft eingeknickt, habe die Dahlien vorgezogen und es dann bitter bereut. Wenn nämlich im April schon recht große sonnenhungrige Pflanzen tagsüber in die Sonne wollen und ich diese tagein, tagaus erst raus in den Garten, wieder rein ins Haus, raus in den Garten, rein ins Haus schleppen musste. Deswegen: Fang nicht zu früh mit dem Vorziehen an.“

Zum Vorziehen reichen Töpfe aus, die nur ein wenig größer als die Knollen sind.

INFO

Solltest du mal eine im Frühjahr vergessene Knolle finden, pflanze sie in jedem Fall noch ein. So hat sie zumindest die Chance, sich mit Wasser und Nährstoffen zu versorgen und vielleicht schafft sie es ja trotzdem noch zu blühen. Ich habe schon Ende Juni noch Dahlien gepflanzt und sie haben es geschafft, im September zu blühen und dann sogar bis zum ersten Frost zu blühen.

Auch aus einzelnen Knollen entstehen schöne Pflanzen. Und nicht immer ist das Auge auf Anhieb zu erkennen. Deswegen: Immer einpflanzen und ausprobieren!

Die Dahlienknolle mit dem alten Trieb nach oben und nicht zu tief einpflanzen.

Direkt ins Beet

Wie schon erwähnt, kannst Du die Knollen im Mai ins Beet setzen oder Du lässt sie einfach im Topf – das sollte dann aber eine für den Topf geeignete Sorte wie Jowey Winnie oder Bishop of Leicester sein. Wenn ich die Dahlien direkt ins Beet setze, verfolge ich den Wetterbericht, ob es tatsächlich nochmal richtig kalt wird. Wenn nicht, fange ich meistens schon ein paar Tage vor den Eisheiligen an. Denn bis das erste Grün aus der Erde schaut, sind die kalten Tage nämlich schon vorbei (und dass der Boden Mitte Mai noch durchfriert, ist eher unwahrscheinlich).

Dafür bereite ich den Platz vor, entferne Beikräuter und arbeite Kompost oder guten organischen Dünger ein. Dann hebe ich ein Pflanzloch aus (nicht zu tief, ca. 10–15 cm) und setze auch hier wieder die Knolle so in die Erde – idealerweise auf ein bisschen Sand – dass der abgeschnittene Stiel vom Vorjahr (oder das Auge) nach oben schaut und sich nicht zu tief unter der Erde befindet (3–5 cm). Dann wird das Pflanzloch wieder zugeschaufelt.

Der Pflanzabstand sollte je nach Größe der Dahlien 50 – 75 cm betragen. Haben die Knollen bereits ausgetrieben, pflanze sie so tief, dass die jungen Triebe gerade noch so mit Erde bedeckt sind. Auch hier gilt: Erst anfangen regelmäßig zu gießen, wenn die Dahlien ihre Köpfchen aus der Erde recken. Sollte die Erde bei der Pflan-

zung trocken sein, kannst Du sie ein bisschen angießen.
Deine Dahlien gleich ins Beet zu pflanzen hat den Vorteil, dass Du Dir den ganzen Vorzieh-Topf-Schlepp-Erde-in-der-Küche-Aufwand sparst. Und dann heißt es warten. Und in seltenen Fällen kann es sogar einige Wochen dauern, bis das erste Grün aus der Erde schaut.

Standort

Dahlien lieben Sonne. Aber auch im Halbschatten gedeihen sie, werden allerdings dann nicht so üppig blühen. Mit sechs Stunden Sonne am Tag machst Du sie glücklich. Ein windgeschützter Platz ist von Vorteil.

Boden

Dahlien lieben eher sandigen Boden, der keine Gefahr von Staunässe birgt. Einen humusreichen, luftigen Standort und im besten Fall Erde mit einem pH-Wert von etwa 6,5 – also ganz normale Gartenerde – finden sie toll. Wenn Dein Boden lehmig und schwer ist, arbeite etwas Sand ein.

Da Dahlien Starkzehrer sind, mische etwas gut verrotteten Pferdemist oder Kompost unter. Wenn Du keinen Stall um die Ecke hat, kannst Du auch Pferdemist in Form von Pellets nehmen, die haben sich bei mir immer gut bewährt. Allerdings alles in Maßen, da Dahlien bei zu viel stickstoffhaltigem Dünger ihre Energie verstärkt in die

Produktion von Laub stecken und weniger Blüten bilden.

Pinzieren

Ich empfehle Dir, Deine Dahlien zu pinzieren. Dafür wirst Du, wenn auch erst ein bisschen später, mit deutlich mehr Blüten belohnt. Sobald die Triebe eine Größe von 20–30 cm erreicht haben, schneide den Haupttrieb mit einer scharfen Schere oder einem guten Messer direkt über einem Blattpaar ab. Das kostet ein wenig Überwindung, bewirkt aber, dass die Dahlie unterhalb des Schnittes weitere Triebe bildet und sich verzweigt. Zudem wird die Dahlie kräftiger im Wuchs und auch die Blütenstängel entwickeln sich stabiler.

Wer Dahlien pinziert, wird mit Blütenfülle belohnt.

KOMMT ES AUF DIE GRÖSSE AN?

Kann man von der Größe einer Dahlienknolle auf die Größe der Pflanze schließen? Macht es einen Unterschied, ob ich nur eine Knolle oder ein ganzes Bündel pflanze?
Anders als zum Beispiel bei Tulpenzwiebeln, deren Größe tatsächlich auf die spätere Größe der Tulpe und ihrer Blüte schließen lässt, ist es bei Dahlien nicht unbedingt so. Auch eine kleine einzelne Knolle kann eine prächtige, große Dahlie mit vielen Blüten hervorbringen, sofern sie ein Auge besitzt.

Warme, freundliche Töne mit u.a. Fairway Spur, Labyrinth und Carolina Wagemans.

DIE PFLEGE DEINER DAHLIEN

Und danken es mit einem üppigen Flor.

Dahlien benötigen vielleicht ein bisschen mehr Aufmerksamkeit als Stauden, weil sie nicht winterhart sind. Trotzdem sind sie in der Regel sehr pflegeleicht.

Durst

Sobald die ersten Triebe ihre Köpfe aus der Erde recken, sollten sie bei Trockenheit gegossen werden. Vorher bitte nicht, sonst besteht die Gefahr, dass die Knollen verfaulen. Regen ist – solange sich keine Staunässe durch schwere Böden bildet – okay, aber keine weitere Bewässerung, wenn die Dahlien nicht sichtbar treiben. Wieviel Wasser Deine Dahlien brauchen, ist abhängig von Boden und Wetter.

Pflanzt Du Kosmeen und Dahlien zusammen, vermeide zu viel Düngung für die Kosmeen.

Es ist immer schön, Dahlien in verschiedenen Formen zu kombinieren.

Mulchen hilft den jungen Pflanzen, die Feuchtigkeit im Boden zu halten. Du kannst dafür geschreddertes Laub, Stroh oder Rasenschnitt verwenden – vor allem in der Sommerhitze.

Sobald die Pflanzen etwas größer sind, sollte je nach Wetterlage alle paar Tage gegossen werden. Aber beachte bitte, Dahlien mögen keine Staunässe. Ist der Boden locker und gut durchlüftet, sodass das Wasser ablaufen kann, kann man die Oberfläche immer feucht halten. Ist der Boden fest und eher lehmig, warte mit dem Gießen, bis die Oberfläche wieder trocken ist. Wässere am besten in den Morgen- oder Abendstunden, wenn die Sonne noch nicht oder nicht mehr direkt auf die Dahlien scheint. Ich bevorzuge den Morgen, da dann die nachtaktiven Schnecken nicht mehr von der Feuchtigkeit angezogen werden und ihr Unwesen treiben können. Und am besten direkt unten am Stängel wässern, denn nasse Blüten und Blätter können in der Sonne verbrennen und sind anfälliger für Pilzkrankheiten.

Hunger

Wenn Du die Erde vor dem Anpflanzen der Knollen mit ausreichend Kompost oder organischem Dünger versorgt hast, sollten den Dahlien den ganzen Sommer über genug Nährstoffe zur Verfügung stehen, denn organischer Dünger baut sich langsam ab.

Bei eher nährstoffarmem Boden kannst Du ab und zu etwas organischen Dünger (mineralischer Dünger ist für mich immer zweite Wahl, da er dem Boden nicht gut tut.) mit ins Gießwasser geben oder leicht in die Erde einarbeiten. Ab (Früh-)Herbst nicht mehr düngen, damit die Pflanzen die Nährstoffe abbauen und die Knollen ausreifen können. Kultivierst Du Deine Dahlien ausschließlich im Topf, kannst Du sie ruhig häufiger mit etwas Dünger verwöhnen. Vermeide Dünger mit zu viel Stickstoff. Dann wächst Deine Dahlie zwar schnell, bekommt aber statt üppiger Blüten nur viele Blätter.

Was zum Anlehnen

Da viele Dahliensorten recht groß werden und manchmal riesige Blüten tragen, empfiehlt es sich, sie zu stützen, damit sie nicht abknicken. Am besten gleich beim Auspflanzen einen Bambusstab neben die Knolle in den Boden stecken, das ist einfacher und übersichtlicher als bei den ausgewachsenen Pflanzen. Später kannst Du sie dann am Stab festbinden. Pflanzt Du mehrere Dahlien zusammen, kannst Du auch rund ums Beet ein paar Stäbe setzen und diese mit einer Schnur verbinden. So vermeidest Du, dass sie nach außen kippen und sie können sich gegenseitig stützen. Idealerweise kannst Du sie natürlich auch an einen Zaun pflanzen, das gibt ihnen guten Halt.

Körperpflege

Ganz wichtig für eine üppige Blüte: Entferne Verblühtes sofort, damit die Blüten keine Samen ansetzen. Fangen sie erstmal mit der Samenbildung an, ist für die Dahlie ihre Pflicht zur Fortpflanzung getan und sie produziert keine Blüten mehr. Das wäre sehr schade. Du kannst Dir regelmäßig

Im Herbst werden die Knollen dann ausgegraben.

Blumen für die Vase schneiden – trau Dich, Deine Dahlien werden Dich mit einem Blütenmeer bis in den späten Herbst hinein belohnen. Dafür den Stängel über einem Blattpaar abschneiden, es bilden sich dann auf jeder Seite zwei neue Triebe – und neue Blüten!

Winterschlaf

Wir kommen nicht drum herum – in unseren Breiten sind die Winter zu kalt, die Dahlienknollen würden draußen erfrieren. Immer wieder höre ich, dass ein paar von Euch die Knollen in der Erde lassen und diese auch wiederkommen, aber das Risiko hier in Bayern wäre mir zu hoch. Allerdings ist es auch mir schon passiert, dass ich welche vergessen habe und unglaublich gerührt war, als dann plötzlich eine Überraschungsdahlie im Frühjahr austrieb. Aber wenn wir auf Nummer sicher gehen wollen, müssen wir sie ausbuddeln. Schwer fällt mir daran gar nicht einmal die Arbeit, die das macht – die ist schneller erledigt, als man denkt – sondern, dass ich mich mit diesen Handgriffen endgültig vom Sommer verabschiede. Aber irgendwie ist es auch ein schönes Ritual und gehört für mich zum Gartenjahr dazu.

Die Stängel ein paar Zentimeter über den Knollen abschneiden.

Der beste Zeitpunkt zum Ausgraben ist nach den ersten Frösten, wenn die Triebe über der Erde abgestorben sind, es aber noch keinen Bodenfrost gab. In dieser Zeit speichert die Knolle noch Nährstoffe für die nächste Saison.

Zunächst schneide ich die Triebe ein wenig ab, damit die ganze Pflanze übersichtlicher wird. Dann hole ich vorsichtig mit einer Grabegabel die Knolle aus der Erde. Die Verletzungsgefahr für die Knollen ist damit geringer als mit einem Spaten.
Anschließend vorsichtig die Erde von den Knollen abschütteln, den Stil noch-

mal bis auf ein paar wenige Zentimeter abschneiden und auf Zeitungspapier legen, um sie etwas trocknen zu lassen.

Bevor ich sie komplett verräume, überprüfe ich noch, ob die Knolle faule Stellen hat und entferne diese gegebenenfalls. Manche Gärtner putzen ihre Knollen vor dem Überwintern mit Wasser richtig sauber, davon rate ich ab, da es die empfindliche Haut der Knollen beschädigen kann. Es kann ruhig ein Rest Erde an ihnen hängen bleiben.

Gelagert werden sie idealerweise in Holzkisten, Plastikbehältern oder Kartons. Wenn Du es richtig professionell machen willst, leg die Kisten mit Zeitungspapier aus und streue eine dünne Schicht Füllmaterial (Sand oder Holzspäne) aus. Dann die Knollen so in die Kiste schichten, dass sie sich nicht berühren und mit dem Füllmaterial aufschütten. Um ganz sicherzugehen, kannst Du die Knollen ab und zu auf faule Stellen untersuchen. Ich persönlich lege sie einfach in Kisten oder Kartons, meistens ein bisschen Zeitung dazwischen und lasse es damit gut sein. Du kannst kleinere Knollen auch luftdicht in Plastikfolie wickeln. Die Kisten in dunkler, trockener, kühler und frostfreier Umgebung aufbewahren. Ideal sind Temperaturen zwischen vier und zehn Grad bei geringer Luftfeuchtigkeit, also im Keller oder auf dem Dachboden.

Hast du deine Dahlien in Töpfen kultiviert, kannst Du sie auch direkt darin überwintern lassen. Dann ab Ende September nur noch ganz wenig gießen und, bevor sie ins Winterlager kommen, die Triebe knapp über der Erde abschneiden.

Die Töpfe bei Temperaturen von einem bis höchstens zehn Grad überwintern (kein Frost!), am besten in einem dunklen Raum. Sonst denken die Dahlien, es ist Frühling und wollen gleich wieder loslegen. Nun können sie sich entspannt in die Winterruhe begeben…

„Schlaft gut und bis zum nächsten blütenreichen Sommer.“

Eine fröhliche Laune der Natur.

Kräftige Beerentöne läuten den Herbst ein. Bald kommen die Dahlien in ihr Winterquartier.

TIPP

Hast Du viele Dahlien in einem Beet, gibt es eine interessante Methode, sie dort zu überwintern. Wenn der erste Frost sie unansehnlich gemacht hat, schneide sie bodennah ab. Bedecke sie mit einer zwei bis fünf Zentimeter dicken Schicht aus reifem Kompost. Dann folgt eine ca. 30 Zentimeter dicke Wärmeschicht bestehend aus Laub und/oder Stroh. Am Schluss bedecke das Ganze mit einer wasserundurchlässigen Plane. Das ist sehr wichtig, damit sie nicht im Boden faulen. Leider gibt es dafür keine wirkliche Alternative zu Plastik, was nicht unbedingt schön ist. Beschwere die Planen mit Steinen oder Sandsäcken. Mitte April können sie entfernt werden. Das Mulchmaterial (Laub und Stroh) kann auf den Beeten bleiben.

Immer wieder ein Wunder, wo sich das Leben so vers

NACH-WUCHS!

DAHLIEN VERMEHREN

Bald gibt es auch hier wunderschöne Blüten.

Wenn es Dich gepackt hat, Du von diesen großartigen Blumen gar nicht mehr genug kriegen kannst, wenn Du Dir Dahlienbeete mindestens bis zum Horizont wünschst, dann kannst Du sie ganz einfach auch selber vermehren.

Das Wundervolle an einer Dahlie ist, sie vermehrt sich auch ohne Dein Zutun. Pflanzt Du im Frühling nur eine einzige Knolle in die Erde, hast Du im Herbst drei, fünf, ja bis zu zehn neue daran hängen. Alles neue Babies…
Es gibt drei verschiedene Möglichkeiten, um Dahlien zu vermehren. Die einfachste ist das Teilen der Knollen, die zweite die klassische Anzucht aus Samen und die dritte die Anzucht von Stecklingen. Im Folgenden erkläre ich Dir, wie alle drei Methoden funktionieren.

Knollen teilen

Wenn Du die Mutterpflanze genau so noch einmal haben möchtest, solltest Du Deine Dahlien auf diese Art vermehren. Außerdem empfiehlt sich

Wenn die Knollen zu groß werden, sollten sie geteilt werden.

diese Methode, wenn Deine Knollen sehr groß geworden sind. Ich würde sie tatsächlich alle paar Jahre teilen, damit Du lange Freude an Deinen Dahlien hast, da sie irgendwann auch ausgelaugt sind.

Der ideale Zeitpunkt ist ab März, wenn die Knollen beginnen auszutreiben und im Winterlager sogenannte Augen gebildet haben, aus denen die jungen Triebe wachsen. Falls Du Dich schwer tust, Augen zu erkennen, hole die Dahlien ins Warme und lasse sie ein paar Tage vortreiben.

Anschließend die Knollen einfach auseinanderziehen oder mit einem scharfen Messer von der Mutterknolle trennen. Ganz wichtig: Achte darauf, dass auf jedem Stück mindestens ein Auge zu sehen ist, denn daraus entsteht Deine neue, prachtvolle Dahlie.

Die Schnittstelle eventuell mit Holzkohle behandeln. Die Dahlie sollte dann relativ bald eingepflanzt werden.

Anzucht aus Samen

Idealerweise gewinnst Du die Samen aus Deinem eigenen Garten und entdeckst vielleicht eine neue Züchtung. Dahliensamen erhalten ihr Erbgut von den Elternpflanzen. Bienen tragen den Pollen von einer Pflanze zur nächsten und verändern auf diese Weise die genetische Zusammensetzung der Samen. Dafür lässt Du einige ausgesuchte Dahlien ab Ende August, Anfang September in Ruhe, d.h. Du scheidest keine Blüten mehr ab, sondern lässt die Dahlie Samen ansetzen. Wenn sie alle Blütenblätter verloren hat, überprüfst Du den Samenstand – er ist erntereif, wenn sich keine Flüssigkeit mehr herausquetschen lässt. Die Samen trocken und dunkel aufbewahren, bis etwa vier oder sechs Wochen vor dem letzten Frost im Frühjahr, also ca. Ende März, Anfang April.

Dann kannst Du eine Anzuchtschale, kleine Töpfe oder was auch immer Du zur Hand hast, mit Anzuchterde füllen. Drücke mit der Fingerspitze Vertiefungen in die Erde. Pro Zelle oder Topf nur einen Samen streuen, mit einer dünnen Schicht Erde bedecken, vorsichtig wässern und durchsichtig (z.B. mit Küchenfolie) abdecken. An einen warmen (ca. 20°C) Platz stellen. Sobald die Dahlien keimen, brauchen sie viel Licht. Auf der Fensterbank ist es nicht hell genug, die Sämlinge spargeln und kippen um. Ideal ist ein geheizter Wintergarten oder Du kannst Dir mit einem Pflanzenlicht behelfen. Wässere mit einer Sprühflasche, wenn die obere Erdschicht wieder trocken ist. Entferne die Abdeckung jetzt, sonst besteht die Gefahr, dass die Blätter und Stiele in zu hoher Luftfeuchtigkeit faulen oder die Erde schimmelt. Ungefähr drei bis vier Wochen nach der Aussaat kannst Du Deine Dahlien-Babies umtopfen. Dafür holst Du am besten die ganze Pflanze mitsamt der Erde aus den Anzuchttöpfen und setzt sie in einen größeren Topf.

Falls Du viele Keimlinge in einer Schale hast, musst Du sie pikieren. Stelle Dir dafür Töpfe mit Anzuchterde bereit, damit die empfindlichen Wurzeln nicht zu lange im Freien liegen. Anschließend mit einem Stäbchen die einzelnen Jungpflanzen aus der Erde heben: Stich vorsichtig einen Kreis um die Pflanze herum, um die Erde zu lockern, bis sich die junge Dahlie samt Wurzel leicht herausnehmen lässt. Achte darauf, die kleinen Stiele beim Umtopfen nicht zu quetschen.

Manchmal ist das Auge kaum zu sehen.

Mit dem Stäbchen oder den Fingerspitzen ein Loch in die Anzuchterde bohren, Pflanzen hineinstecken, die Erde gut festdrücken und die Pflanzen nach dieser etwas traumatischen Erfahrung erstmal wieder in ihre gewohnte Umgebung bringen.

Nach dem letzten Frost Mitte Mai dürfen sie dann auch nach draußen.

Anzucht aus Stecklingen

Spannend ist auch die Vermehrung durch Stecklinge. Auch da erhältst Du ein Abbild der Mutterpflanze. Suche Dir Ende Januar bis Mitte Februar die Knollen aus dem Winterlager, die Du gerne vermehren möchtest. Stecke sie senkrecht so tief in mit Anzuchterde gefüllte Töpfe, dass nur noch die Hälse mit den Augen zu sehen sind. Anschließend wässern und mit einer Haube oder Folie abdecken, um die Luftfeuchtigkeit konstant hoch zu halten und Zugluft zu vermeiden. Stelle die Knollen zum „Aufwachen" an einen hellen, warmen Ort (ca. 20 °C), beispielsweise auf ein sonniges Fensterbrett oder unter ein Pflanzenlicht. Nach zwei bis drei Wochen beginnen die ersten Triebe aus der Knolle zu sprießen. Befeuchte die Erde immer wieder mit einer Sprühflasche.

Sobald die Triebe acht bis zehn Zentimeter groß sind, kannst Du mit dem Schneiden anfangen. Bereite eine Anzuchtschale mit Anzuchterde vor, wässere sie gründlich und forme mit Hilfe eines Bleistifts jeweils ein Loch in der Mitte jedes Topfes bzw. jeder Zelle. Schneide mit einem scharfen Messer (wahlweise auch mit einer Rasierklinge oder einem Skalpell, falls zur Hand) die jungen Triebe bündig an der Knolle ab. Achte darauf, möglichst glatt und schräg zu schneiden. Durch den schrägen Schnitt hat der Stiel der kleinen Dahlie mehr Oberfläche zur Wurzelbildung. Man braucht dazu etwas Fingerspitzengefühl, aber das kommt mit ein bisschen Übung.

Die Schnittstelle anschließend kurz in ein Wurzelgel (das kann man angeblich auch selber machen…) tauchen oder mit Stecklingsspray besprühen. Setze dann den Trieb in den Topf oder die Anzuchtschale. Vorsichtig die Erde festdrücken und die Stecklinge mit einer Sprühflasche mit Wasser benetzen und abdecken. Bis sie Wurzeln gebildet haben, nehmen sie sämtliche Nährstoffe über ihre Blätter auf – konstante Feuchtigkeit, Licht und Wärme sind für sie lebenswichtig. Am besten gedeihen sie in kleinen Zimmergewächshäusern, idealerweise sind diese beheizbar.

Nach etwa 14 Tagen bilden die Stecklinge feine weiße Wurzeln, die nach weiteren ein bis zwei Wochen kräftig genug sind, um die kleinen Pflänzchen aus der Anzuchtschale in Töpfe umzuziehen. Wenn die Frostgefahr vorbei ist, kannst Du sie schließlich in die Beete pflanzen.

Du siehst also, deiner persönlichen Dahlienplantage steht nichts im Wege, selbst wenn Du am Anfang nur wenige Knollen hast.

Wenn der Trieb ungefähr zehn Zentimeter groß ist, kann er geschnitten werden.

TIPP

Wenn Du im nächsten Jahr Stecklinge ziehen möchtest, solltest Du Deine Dahlie ab Juli kurz halten. Schneide sie immer wieder zurück, damit sie keine Blüten bildet und nicht zu groß wird. Dann geht ihre ganze Energie in die Knolle und Du bekommst im Frühjahr kräftige Stecklinge.

Schon nach kurzer Zeit bildet der Steckling seine erste Knolle.

Weinbergschnecken richten in der Regel keinen großen Schaden an.

Schädlinge & KRANKHEITEN

Dahlien-Sprechstunde

October Sky

Große gesundheitliche Probleme hat die Dahlie nicht. Sie hat einen wirklich ernstzunehmenden Fressfeind, ansonsten hält sich der Auftritt von Krankheiten und Schädlingen in Grenzen. Der größte natürliche Feind der Dahlie ist die Schnecke. Und zwar jede. Mit Haus, ohne Haus, – sie alle lieben vor allem die zarten jungen Triebe. Allerdings ist die Nacktschnecke bei weitem die gefräßigste, die auch am meisten Schaden anrichtet.

Immer wieder finde ich es faszinierend zu beobachten, dass Schnecken in erster Linie an schon geschwächte Pflanzen gehen. Sind die Pflanzen erstmal groß und kräftig genug, haben sie Schnecken gegenüber einen guten Vorsprung und kommen mit den gemeinen Angriffen besser klar. Auch scheinen sie dann für Schnecken nicht mehr ganz so interessant zu sein.

Die Wühlmaus lässt sich gern Dahlienknollen schmecken.

Leider habe ich auch kein Erfolgsrezept, ich kämpfe jedes Jahr aufs Neue mit diesen schleimigen Mollusken. Damit sich die Verluste bei Dir in Grenzen halten, habe ich die wichtigsten Tipps und Maßnahmen zusammengestellt, die sich bei mir bewährt haben:

1. Die Dahlien drinnen in Töpfen vorziehen, die Töpfe mit Schnexagon bestreichen oder sie hochstellen (Balkon, Flachdach?). Das schützt die jungen Pflanzen. Wenn die Dahlien eine gewisse Größe erreichen, kannst Du sie ins Beet pflanzen.

2. Jungpflanzen im Beet mit einem Schneckenkragen schützen.

3. Die Beete mit einem Schneckenzaun aus Metall einfassen.

4. Ziegel oder Holzlatten in die Beete legen, darunter kriechen die Schnecken gerne. Die Schnecken täglich absammeln.

5. Laufenten halten, die fressen Schnecken.

6. Nett zu Igeln sein, die fressen ebenfalls Schnecken: Auf den „praktischen" Mähroboter verzichten (hohe Verletzungsgefahr für Igel, weil sie sich bei Gefahr zusammenkugeln statt zu fliehen), Möglichkeiten zum Überwintern schaffen – Laubhaufen, Totholz im Gebüsch.

7. Wenn es sich gar nicht mehr vermeiden lässt: zu Schneckenkorn greifen. Unbedingt darauf achten, ein Mittel mit Eisen-III-Phosphat zu verwenden, dann ist es ungefährlich für andere Tiere wie z.B. Igel. Zu vermeiden ist Schneckenkorn mit dem Wirkstoff Metaldehyd. Streue das Schneckenkorn schon sehr früh im Jahr, um die erste Generation zu dezimieren. Ich erwähne es hier der Vollständigkeit halber, nutze es selber aber nicht, da es auch für andere Schnecken (wie Weinbergschnecken oder Tigerschnegel) tödlich ist.

8. Opferpflanzen setzen! Wähle dafür absolute Delikatessen wie Rittersporn oder kleine Salatpflänzchen. Da kannst Du die gefräßigen Monster bestens absammeln.

9. Was wirklich wunderbar bei mir funktioniert: Abends einen Teller (oder mehrere) mit Gemüseresten (die dürfen auch schon ein bisschen welk sein) rausstellen, das zieht Schnecken magisch an und sie lassen die schützenswerten Pflanzen in Ruhe.

Die üblichen Schädlinge wie Blattläuse, Wanzen, Raupen und Spinnmilben können auch Dahlien befallen, wobei sie sie nicht explizit anziehen. Ich hatte noch nie Probleme mit ihnen. Gegen Blattläuse und Spinnmilben hilft beispielsweise Neemöl, es ist gesundheitlich und ökologisch unbedenklich. Es hilft auch bei Blattwanzen – man erwischt diese Insekten aber auch gut in den frühen Morgenstunden, wenn sie noch starr und unbeweglich sind. Dann einfach absammeln.

Gerne lassen sich auch Wühlmäuse die saftigen Knollen schmecken. Um Deine Dahlien zu schützen, kannst Du die Knollen in Drahtkörbe pflanzen oder Dein Pflanzloch mit Kaninchendraht auslegen.

Ein bei Dahlien ungebetener Gast ist der Ohrenkneifer. Er knabbert liebend gerne die zarten Blütenblätter an. Du kannst ihn aber leicht umsiedeln. Stecke einen Stock oder einen Bambusstab direkt neben die Dahlien in die Erde. Dann stülpst Du kopfüber

Das Agrobacterium tumefaciens ist verantwortlich für den sogenannten Dahlienkrebs.

einen kleinen, mit Stroh gefüllten Blumentopf darüber. Die Tierchen werden sich nur allzu gerne dort einkuscheln und Du kannst sie samt Topf umziehen.

Ansonsten gibt es Pilzerkrankungen, die den Dahlien schaden können. Bei warmem, feuchtem Wetter kann Grauschimmel (Botrytis) auftreten. Vorbeugend hilft gegen den Pilz gute Pflege, das heißt, ein Standort mit ausreichender Durchlüftung, ein durchlässiger Boden und morgendliches Wässern, damit die Pflanzen tagsüber wieder trocknen können. Ist der Grauschimmel erst mal da, entferne die befallenen Pflanzenteile und vernichte sie. Und zwar unbedingt im Hausmüll, nicht im Kompost, denn sonst verbreitet sich der Pilz weiter. Reinige und desinfiziere auch das dafür verwendete Werkzeug.

Blattflecken und Mehltau treten gelegentlich auf, meist bei langanhaltender feuchter oder wechselhafter Witterung. Gegen Blattflecken kann man nicht viel tun, außer alle befallenen Pflanzenteile zu entfernen. Sammle auch die Blätter vom Boden auf, um zu vermeiden, dass sich die gesunden Pflanzen anstecken.

Mehltau lässt sich mit einer Mischung aus Milch (keine H-Milch) und Wasser im Verhältnis 1:8 (100 ml Milch und 800 ml Wasser) gut behandeln – einfach mit einer Sprühflasche auftragen. Ab und zu ist auch die Rede von Dahlienkrebs, Wucherungen, die durch Bakterien (Agrobacterium tumefaciens oder Rhizobium radiobacter) verursacht werden. Sie sind aber nicht dahlienspezifisch, sondern können auch Obstbäume, Rosen, Gemüse und andere Pflanzen befallen. Die Bakterien kommen über eine Verletzung am Stängel oder an der Knolle in die Dahlie. Die erkrankte Dahlie muss im Hausmüll entsorgt werden.

Auch das Bakterium Dickeya dianthicola kann bei Dahlien auftreten. Es greift die Leitungsbahnen an und verhindert den Wassertransport.

Schneidet man den Stängel quer auf, sind bräunliche Flecken zu entdecken. Die Knollen werden braun und verfaulen. Auch hier muss die Dahlie entsorgt werden.

Die genannten Krankheiten und Schädlinge (außer Schnecken) treten bei Dahlien im Vergleich zu anderen Pflanzen im Garten eher selten auf. Das macht Dahlien zu recht unproblematischen und pflegeleichten Blumen.

BESTE FREUNDE

Dahlien lassen sich wunderbar mit Stauden, Rosen, Einjährigen und Gehölzen kombinieren. Gerade im Herbst, wenn die Nebelschwaden durch den morgendlichen Garten wabern, finde ich kräftige Farbkombinationen großartig. Dunkles Pink, kräftiges Orange, Rot und Lila. Normalerweise gar nicht so meine Farben, aber im Herbst darf das einfach mal sein. Aber auch zarte Pastelltöne lassen das Gärtner*innen-Herz höher schlagen.

FRISCH UND HELL

Wunderschön zu zartrosa Dahlien wie „Break out", „Mikayla Miranda" oder „Who me" sind Weiß- und Grüntöne, wie die Hortensie „Annabelle", die weiße Herbstanemone „Whirlwind", Salbei, Strauchefeu, die Skabiose „Moon Dance", eine weiße Fetthenne und helle Kosmeen (wie Double Dutch White oder Tetra Versailles Blush) sowie silbriger Beifuß.

BEERIG UND KRÄFTIG

Im Herbst sind kräftige Beerentöne mit Violett unwiderstehlich. Hier werden dunkle Dahlien wie „Rocco“, „Downham Royal“, “Karma Lagoon“ oder „Le Baron“ mit helleren wie „Lilac Beauty“ oder „Lavender Perfection“ mit dem Storchschnabel „Rozanne“, verschiedenen Astern wie „Asran“ oder „Dauerblau“, argentinischem Eisenkraut, Bergminze, Katzenminze, Ehrenpreis „Ulster Blue“, Borretsch, der Zinnie „Purple Prince“ und Kosmeen (zum Beispiel Rubenza, Tetra Versailles Dark Rose oder Double Dutch Cranberries) kombiniert.

WIE DIE BLÄTTER IM HERBST

Wenn Du möchtest, dass sich die Blätter der Bäume in Deinem Beet widerspiegeln, wähle Dahlien wie „Nathalie G“, „Peaches”, „Burlesca“, „Milena Fleur“, „Lindas Baby“ zusammen mit Lampionblumen, hagebuttentragenden Rosen, einem kleinen Zierapfel wie Pomzai, Zinnien „Peaches and Cream“, Kosmeen „Apricotta“ und „Cupcake Blush“

ROSA-LIEBE

Ein Bonbonhimmel für alle, die komplett auf Rosa stehen. Dahlien „Bishop of Leicester“, „Café au Lait rose“, „Dutch Silence“ oder „Pink Magic“., kombiniert mit Einjährigen wie den Sommerastern „Appleblossom“ oder „ Apricot“, Kosmeen wie „Double Dutch rose“ oder „Sonata pink blush“ und Bechermalven in Rosa. Als Stauden und Gehölze empfehlen sich rosa Herbstanemonen und rosa Ballhortensien wie z.B. „Belle Séduction“ oder „Sweet Annabelle“ und Rosen wie „Fairy“ oder „Ballerina“. Es passt auch Schleierkraut (Gypsophila paniculata) zum Beispiel „Festival Pink Lady“. Auch ein später Phlox wie „Herbstwalzer“ oder „Kirmesländler“ darf eigentlich nicht fehlen.

AUSSERDEM PASSEN WUNDERBAR ZU DAHLIEN:

Sonnenhut, Ziersalbei, Schafgarbe, Löwenmäulchen, Gräser, Palmkohl, Ziermöhre Daucus Dara, große Knorpelmöhre, Schopfsalbei, mauretanische Malve, Malve Zebrina.

GRÖSSTES VASENGLÜCK

Noch ein Grund, warum ich verrückt nach Dahlien bin: Sie sind wunderbare Schnittblumen. Manchmal hole ich mir bis November noch dicke Sträuße ins Haus, einfarbig, bunt, pur, mit Kosmeen, Astern, Brombeeren kombiniert – eine wahre Freude.

Schneidest Du eine, kriegst Du viele – Dahlien sind ein unerschöpfliches Füllhorn an wundervollem Blumenschmuck, draußen wie drinnen. Sie produzieren unablässig Nachschub an schönen Blüten in allen Farben und Formen, wenn Du sie regelmäßig schneidest. Sofern Du nicht beabsichtigst, Samen zu ernten, entferne auch immer alle verwelkten Blüten, sonst ist es bald vorbei mit Deiner Dahlienpracht.

Dahlien halten in der Vase zwar nicht wahnsinnig lange – ungefähr fünf Tage – was in diesem Fall nicht so

Kleine Vasen eignen sich besonders gut für einzelne, kurze Dahlien.

Porcelain

schlimm ist, weil ja draußen im Beet bereits für Nachschub gesorgt wird. Wenn Du beim Ernten ein paar Dinge beachtest, hast Du in dieser Zeit optimal Freude an diesen Schönheiten. Im Gegensatz zu anderen Schnittblumen reifen Dahlien in der Vase kaum noch nach. Achte daher bei der Auswahl der Blumen für Sträuße darauf, dass die Blüten nahezu vollständig geöffnet und noch frisch sind. Sind sie schon etwas weich, werden sie nicht lange halten.

Skyfall

Bester Zeitpunkt zum Pflücken ist in den kühlen Morgen- oder Abendstunden. Die Pflanzen haben viel Feuchtigkeit gezogen und sind stark genug für den Schnitt. Nach dem Abschneiden gleich an Ort und Stelle in einen Eimer mit frischem Wasser stellen.

Und, trau Dich: schneide großzügig über einem Blattpaar ab. Blumen mit längeren Stielen (es können ruhig 30 cm sein) lassen sich leichter zu Sträußen binden, außerdem dankt es die Pflanze mit dem Nachwachsen von umso kräftigeren, langstieligeren Blüten. Bevor sie in die Vase kommen, entferne die unteren Blätter. Stehen Blätter im Wasser, fangen sie bald an zu faulen und bilden Bakterien, die die Lebensdauer der Blumen deutlich verkürzen.

Ist der Dahlienstrauß als Geschenk oder Mitbringsel gedacht, lass die Blumen an einem dunklen, kühlen Ort eine Weile stehen. So bleiben sie länger frisch. Idealerweise wechselst Du das Wasser alle zwei Tage. Und wenn Du vom Blumenladen noch ein kleines Tütchen mit Schnittblumen-Nahrung hast, dann kannst Du sie gerne auch damit versorgen.

TIPP FÜR NOCH LÄNGERE HALTBARKEIT

Du kannst die Dahlien mit den Stielenden nach dem Abschneiden ein paar Sekunden in kochendes Wasser halten und danach direkt in frisches, kaltes Wasser stellen.

Wizard of Oz

ES KREUCHT & FLEUCHT

Wizard of Oz

Und hier muss ich mich mal schützend vor die Dahlie stellen.

Immer wieder höre ich, dass – besonders gefüllte – Dahlien wertlos für Insekten sind. Das stimmt so nicht ganz.

Generell ist natürlich eine einfache, ungefüllte Dahlie, die rund um die Uhr Biene und Co. ein All-you-can-eat-Buffet bietet, einer gefüllten Dahlie vorzuziehen.

Aber: Beobachte selber. Wenn die gefüllte Dahlie im Aufblühen ist, gibt sie ihre Mitte frei und damit auch ihren süßen Nektar. Du kannst also mit gutem Gewissen auch zu ein paar gefüllten Exemplaren greifen, denn die meisten verwöhnen unsere surrenden Mitbewohner über die Monate auch mit Pollen.

Rocco

An diesen Fotos von Wizard of Oz (vorherige Seite) und Rocco siehst Du, wie auch gefüllte Dahlien insektenfreundlich sind, da sie sich im Aufblühen öffnen. Am besten und auch für das Auge am schönsten ist eine gute Mischung aus verschiedenen Sorten.

Molly Raven

LIEBLINGS-DAHLIEN

Einfach unwiderstehlich

Peaches

LAVENDER PERFECTION

Zartviolettfarbene Schönheit mit riesigen (!) Blüten. Ich liebe sie in der Vase und im Garten sind sie ein Schmuckstück.
Blütengröße: 20 – 24 cm
Farbe: Zart-Violett
Höhe: 110 cm

CAFÉ AU LAIT

Ein Klassiker, der hier einfach nicht fehlen darf.
Die cremefarbenen bis pfirsich-rosa Blüten werden fast tellergroß.
Blütengröße: 20 – 24 cm
Farbe: Weiß, Creme mit einem Schimmer Hellrosa oder Karamell
Höhe: 100 cm

CAITLIN'S JOY

Die Farbe ist so besonders. Ich kann sie fast nicht beschreiben, weil sie sich ständig verändert. Am Anfang kräftige Koralle, dann pudriges Pink und am Ende pastelliges Rosa-Gelb.
Blütengröße: 8 – 10 cm
Farbe: Rosa, bläulich, Apricot
Höhe: 90 – 110 cm

LABYRINTH TWOTONE

Die romantische Variante der "Labyrinth" – nuancierte Blütenblätter, die zart und scheinbar übergangslos von der grünlichgelben Mitte über Creme bis hin zu Flieder verlaufen.

Blütengröße: 15 – 20 cm

Farbe: Violett, Weiß

Höhe: 90 – 120 cm

CRÈME DE CASSIS

Als wäre sie gemalt – diese unglaubliche Schönheit erinnert an eine Seerose. Dunkel in der Mitte, werden ihre lavendel-rosafarbenen Blüten zum Rand hin immer heller.

Blütengröße: 15 cm

Farbe: Rosa mit Dunkelviolett

Höhe: 90 cm

LABYRINTH

Groß, üppig, spektakulär! Mit ihren zwischen Apricot- und Himbeer-changierenden, züngelnden Blüten ist sie einfach nur umwerfend.

Blütengröße: 15 – 25 cm

Farbe: Apricot, Himbeere, Pink

Höhe: 90 cm

WINE EYED JILL

Zartes Apricot mit einer tiefdunklen violetten Mitte. Ein Hauch Gelb und Creme zieht sich beim Öffnen durch die Blüten.

Blütengröße: 12 cm

Farbe: Apricot, Purpur, Gelb

Höhe: 90 – 110 cm

EMORY PAUL

Mit bis zu 30 cm tellergroßen Blüten gehört sie zu den Dahlien mit den größten Blüten. Sattes Rosa mit geflammten Blüten.

Blütengröße: 27 – 30 cm

Farbe: Tiefrosa-Violett

Höhe: 110 – 120 cm

MOLLY RAVEN

Ein ganz besonderes Juwel. Die Blütenblätter zieren ganz feine Streifen zart melierter Milchkaffee-Creme- bis Cassis-Töne.

Blütengröße: 10 – 12 cm

Farbe: Creme, Pink, Violett

Höhe: 120 cm

WIZARD OF OZ (hier mit Café au Lait)

Sie sieht aus wie ein Strauß Watteballchen in Zartrosa, das ins Cremerosa geht. Die Zauberin unter den Dahlien hat unglaublich viel Charme.

Blütengröße: 5 – 9 cm

Farbe: zartes Rosa

Höhe: 80 cm

PENHILL WATERMELON

Eine wilde, verspielte Schönheit aus einer wunderbaren Mischung von Lachsrosa und Pfirsich mit etwas Cremegelb auf jedem einzelnen Blütenblatt.

Blütengröße: 25 – 30 cm

Farbe: Rosa, Lachs, zartes Cremegelb

Höhe: 120 – 150 cm

PEACHES

Eine bezaubernde Dahlie. Mit perfekter Form und romantischer Farbe. Wenn ich nochmal heiraten würde, käme sie sicher in meinen Brautstrauß.

Blütengröße: 12 –15 cm

Farbe: Cremiger Pfirsich, Zartrosa.

Höhe: 90 – 100 cm

EVELINE

Reines Weiß mit einem Hauch von Violett an den Spitzen und einem leicht creme-gelben Schimmer bei geöffneter Blüte. Eveline ist nicht nur eine Schönheit, sie gehört zu den beliebtesten und besten Dahlien.

Blütengröße: 10 – 15 cm

Farbe: Weiß mit zartem Lila

Höhe: 100 cm

STRAWBERRY CREAM

Ein Blumenstrauß aus Erdbeer-Eis? Sanftes Creme, zusammen mit zartem Rosa und frischen, pinken Streifen. Einfach nur bezaubernd.

Blütengröße: 7 – 9 cm

Farbe: Creme, Rosa, Pink

Höhe: 100 cm

PORCELAIN

Zart wie Porzellan, hell mit einem Hauch Violett in der Mitte, das sich über die Blütenblätter ausbreitet.

Blütengröße: 10 – 15 cm

Farbe: Weiß, Violett

Höhe: 100 – 120 cm

SKYFALL

Hellviolette Blüten mit dunkler Mitte. Eine wunderschöne, insektenfreundliche Blume.

Blütengröße: 8 cm

Farbe: Dunkelpink, Hellviolett, Lila

Höhe: 100 cm

MANGO MADNESS

Ihre Blüten in zartem Lachs-Rosa-Apricot kann man durchaus mit einer Mango assoziieren und mit ihren leicht gekräuselten, zauseligen Blüten hat sie das Potential zum Garten-Star.
Blütengröße: 12 – 15 cm
Farbe: Lachs, Elfenbein, Rosa
Höhe: 100 – 110 cm

MILENA FLEUR

Milena Fleur hat 1000 Gesichter. Erst erscheint sie zart und hell, dann kräftig und heftig. Sie sieht aber immer so aus, als ob sie beste Laune hätte.

Blütengröße: 10 - 12 cm

Farbe: Lachs, Elfenbein, Rosa, Gelb

Höhe: 80 – 100 cm

BABYLON PAARS

Was für eine temperamentvolle, beeindruckende und kräftige Erscheinung. An Babylon Paars kommt keiner vorbei, ihre riesigen dunkelroten Blüten ziehen alle Blicke auf sich.

Blütengröße: 20 – 25 cm

Farbe: Burgunder, Violett

Höhe: 110 cm

BURLESCA

Verschiedene, frische Farbschattierungen in Pink, Rosa und Apricot. Bevor sie aufblüht, hat sie eine grünlich-gelbe Mitte.

Blütengröße: 5 cm

Farbe: Apricot, Pink, Rosa

Höhe: 80 –100 cm

ROCCO

Eine Mini-Pompon-Dahlie. Kugelrund und fröhlich. Sehr regelmäßige Blüten.
Blütengröße: 5 cm
Farbe: Violett, Dunkelrot
Höhe: 80 –100 cm

TOTALLY TANGERINE

Ein unglaublicher Farbton... Das elfengleiche Geschöpf schwebt anmutig auf dunklen Stängeln. Bienen und Schmetterlinge lieben die anemonenförmige Dahlie.

Blütengröße: 8 – 10 cm

Farbe: Blutorange, Koralle, Mandarine, Wassermelone

Höhe: 70 –90 cm

CREDITS, QUELLEN UND WEITERE LITERATUR

Team

Von ganzem Herzen, ein großes Danke für dase tolle Teamwork:

Fantastische Fotografie
Syl Gervais *@syl_loves*
Janina Laszlo *@janinalaszlo*
Seila Malo *@seila_malo*

Team 'Cottage Garden Liebe'
Anna MacDougall
Christina Jacob
Hélène Sajtinac

Danke auch an:
Carine Bex *@moestuinkriebels*
Luisa Chandler *@my_haven_blooms*

Danke an Erick de Groot, dass ich ihm bei seiner Arbeit über die Schulter schauen durfte und er auf alle meine Fragen immer eine Antwort wusste. Und danke für Dein Vertrauen an mein nicht vorhandenes Niederländisch mit der Zusendung von holländischer Fachliteratur.

Fotos

Vor- und Nachsatz: Demeulder, **S. 2, 3, 12, 13, 15, 19, 22, 23, 25, 31, 32 (3), 43, 48, 56, 57, 64, 78-85, 87, 89, 90, 100-106,108, 110, 113, 116, 118, 119, 120, 122, 123** Janina Laszlo
S. 6,50, 52, 62, 63, 91 Syl Gervais
S. 10, 11, 14, 16, 18, 20, 21, 26-30, 32-35, 37, 38 oben, 39, 40, 41, 44, 49, 51, 53-55, 60, 61, 70, 71, 73, 75, 88, 92, 93, 98, 99, 107, 109, 111, 112, 114, 117, 124, 125, 127 Seila Malo
S. 38 (3) Luisa Chandler
S. 38 (4) Carine Bex
S. 59 Trenton_Stevens Unsplash, Michaela Eriksson
S. 72 Alexas_Fotos Unsplash
S. 76 Erick de Groot
S. 74 Pixabay
Alle anderen: My Cottage Garden

Quellen und weiterführende Literatur

Deutsche Dahlien-, Fuchsien- und Gladiolen-Gesellschaft e.V. (DDFGG)
National Dahlia Society (NDS)
The American Dahlia Society (ADS)
The Royal Horticultural Society (RHS)
"Discovering Dahlias" (Floret Farm)
"The Joy of Dahlias" (Katja Staring)
"Dahlien: Die schönsten Sorten und ihre Pflege" (Bettina Verbeek)

"Dahlias" (Naomi Slade & Georgianna Lane)
"Encyclopedia of Dahlias"(Bill McLaren)
"The Dahlia" (Richard Dean, William Cuthbertson et al)
"Dahlia Breeding" (Kristine Albrecht)
"Zwiebelbibel: Tulpe, Dahlie, Lilie & Co" (Kathy Brown)
"Dahlias: A Colour Guide" (Ted Collins)
www.hortipendium.de
www.rhs.org.uk
Und mein eigener (Cottage) Garten.

Alle meine Lieblingsdahlien findest Du bei mir im Shop auf *shop.mycottagegarden.de*

Und für alles andere rum um den Cottage Garten, besuch mich auf *www.mycottagegarden.de*

IMPRESSUM

CALLWEY 1884

© 2023 Callwey GmbH
Klenzestraße 36
80469 München
buch@callwey.de
Tel.: +49 89 8905080-0
www.callwey.de

Wir sehen uns auf Instagram:
www.instagram.com/callwey

ISBN 978-3-7667-2643-8
2. Auflage 2024

Bibliografische Information der Deutschen Nationalbibliothek
Die Deutsche Nationalbibliothek verzeichnet diese Publikation in der Deutschen Nationalbibliografie; detaillierte bibliografische Daten sind im Internet über <http://dnb.d-nb.de> abrufbar.

Die Autorin
Als eine der erfolgreichsten deutschen Garten-Bloggerinnen steht Sarah Stiller mit ihrem Cottage Garten vor allem für zwei Dinge: die Liebe zum Gärtnern und die Fähigkeit, ihre Leser mit ihrer Begeisterung für Pflanzen anzustecken. Seit 2017 wächst ihr Garten und damit ihre Follower-Zahl, die sie mit dem eigenen Blog mycottagegarden.de verzaubert. Dank ihrer langjährigen Erfahrung überzeugt sie mit viel Fachwissen und gleichzeitiger Einfühlsamkeit, die sie den Dahlien entgegenbringt. Ihr Blog erhielt 2018 den Deutschen Gartenbuchpreis.

Dieses Buch wurde in CALLWEY-QUALITÄT für Sie hergestellt:
Beim Inhaltspapier haben wir uns für ein MagnoMatt in 150 g/m² entschieden – ein matt gestrichenes Bilderdruckpapier. Die gestrichene, mattierte Oberfläche gibt dem Inhalt einen edlen und hochwertigen Charakter. Die Hardcover-Gestaltung besteht aus bedrucktem Bilderdruckpapier. Dieses Buch wurde in Europa gedruckt und gebunden bei DZS Grafik.

Viel Freude mit diesem Buch wünschen Ihnen:
Projektleitung: Anna Seidel
Autor/Lektorat: Sarah Stiller
Schlusskorrektur: Judith Marnet
Gestaltung & Satz: Anna Schlecker
Herstellung: Mira Wörgötter

Hinweis: Uns ist es ein Anliegen, dass sich alle Geschlechter wahrgenommen und wertgeschätzt fühlen. Im Sinne einer besseren Lesbarkeit der Texte verzichten wir jedoch auf die gleichzeitige Verwendung der Sprachformen männlich, weiblich und divers (m/w/d). Wo dies möglich ist, bemühen wir uns darum, alle Formen miteinzubeziehen, oder um neutrale Formulierungen. Sämtliche Personenbezeichnungen gelten gleichermaßen für alle Geschlechter.

Liebevoll begleitet von